4 PILULES

Pour une vie riche et sans stress

JOHAN TEKFAK

Créateur de

www.francaisauthentique.com

BIOGRAPHIE
JOHAN TEKFAK

Ingénieur de formation, Johan Tekfak a travaillé pendant 10 ans dans l'industrie automobile en Autriche et Allemagne, essentiellement en tant que chef de projet.

En parallèle de cette activité salarié et du support de sa famille (il est marié et a deux enfants en bas âge) il a créé le site www.francaisauthentique. com qui aide des centaines de milliers de non-francophones à améliorer leur français parlé.

Depuis 2016, il travaille à plein temps sur Français Authentique et peut, de ce fait, poursuivre son rêve : aider en toute autonomie des milliers de personnes, basées dans le monde entier, à apprendre à parler le français. Il attribue cette réussite à sa passion pour le développement personnel dans lequel il investit deux heures chaque jour malgré son agenda chargé.

CITATIONS

1 MARK TWAIN

À chaque fois que vous vous retrouvez du côté de la majorité, il est temps de faire une pause et de réfléchir.

2 SÉNÈQUE

La vie, ce n'est pas d'attendre que l'orage passe, c'est d'apprendre à danser sous la pluie.

3 MAE WEST

Vous ne vivez qu'une fois, mais si vous le faites bien c'est suffisant.

4 PAOLO COELHO

Si vous pensez que l'aventure est dangereuse, essayez la routine, elle est mortelle.

5 ARISTOTE

Nous sommes ce que nous faisons de manière répétée. L'excellence n'est donc pas une action mais une habitude.

6 JIM ROHN

Si vous désirez vraiment faire quelque chose, vous trouverez un moyen. Sinon, vous trouverez une excuse.

INTRODUCTION

Une clarification avant de commencer…

Merci d'avoir acheté ce livre et surtout félicitations ! Vous faites partie d'une minorité de personnes qui sont prêtes à agir pour améliorer leur vie et diminuer leur stress. En cliquant sur « acheter » et entrant vos coordonnées bancaires, vous avez exécuté une action dont vous pourriez bien vous souvenir pour toujours comme étant le point de départ de votre nouvelle vie.

J'ai commencé à lire des livres de développement personnel il y a presque 10 ans. J'y ai toujours pris beaucoup de plaisir et j'ai eu la chance de découvrir un monde dont je ne soupçonnais même pas l'existence. Et je me souviens exactement comment tout cela a commencé : tout simplement par la recommandation d'un de mes professeurs d'université qui nous suggérait de lire « Comment se faire des amis » de Dale Carnegie. Comme vous, je faisais partie d'une minorité puisque sur une quarantaine d'élèves, j'ai été le seul, à ma connaissance, à acheter le livre, le dévorer et prendre l'habitude d'en lire d'autres.

« Vous faites partie d'une minorité de personnes qui sont prêtes à agir pour améliorer leur vie et diminuer leur stress. »

Le plus dur n'a cependant pas été de prendre la décision de lire le livre mais celle d'appliquer ses principes au quotidien, tout comme d'autres que j'ai découverts par la suite. C'est l'action permanente et la mise en place de bonnes habitudes qui ont fait que je vis aujourd'hui une vie que je n'échangerais contre rien au monde.

Et le plus dur commence également pour vous maintenant. Même si le fait d'avoir acheté ce livre fait de vous une personne spéciale, je sais que seule une minorité d'entre vous mettra en application de façon systématique ce qu'ils apprendront et que seuls quelques-uns suivront scrupuleusement le plan d'action que j'ai bâti pour vous. Je sais déjà que beaucoup jugeront cela trop contraignant et trouveront des excuses pour abandonner. Ces excuses, du type « je n'ai pas le temps », « mes enfants m'empêchent de mettre en place ces habitudes », « je n'ai pas assez d'énergie », je les entends en permanence et les balaye d'un revers de main. Mon objectif n'est pas ici d'essayer de vous impressionner ou de faire preuve d'arrogance, mais si j'ai réussi à créer de zéro deux business internet à succès, tout en investissant beaucoup de temps dans ma famille (mes enfants ont deux ans et demi et quatre ans), mon développement personnel et en travaillant à plein temps comme chef de projet dans l'industrie automobile, vous êtes capable de dégager assez de temps pour mettre en pratique ce que vous êtes sur le point d'apprendre.

«La folie, c'est de faire et refaire la même chose en espérant des résultats différents»
Albert Einstein

D'ailleurs il se peut que vous appreniez peu de ce livre et que vous connaissiez déjà la majorité des concepts qui y sont développés. Vous en savez en principe déjà assez pour connaître le succès d'une vie riche et sans stress. Ce n'est en général pas l'information qui manque aux gens pour être couronné de succès (sinon il suffirait de se connecter à internet pour perdre du poids, gagner en sérénité et motivation et connaître le bonheur). Ce qu'il vous manque c'est un plan d'action que vous suivrez au quotidien quel que soit votre niveau d'énergie physique, émotionnelle mentale et spirituelle.

Alors soyez régulier, persistant et créatif (pour la petite histoire j'écris cette introduction près du lit de mon fils qui s'est réveillé en pleurant et ne veut plus dormir seul ☺). Il n'y a pas d'excuse valable. Si vous voulez une vie meilleure, vous devrez travailler pour (on obtient ce qu'on mérite) et vous devrez changer vos habitudes (comme l'a dit Albert Einstein « La folie, c'est de faire et refaire la même chose en espérant des résultats différents »).

Les principes

Au fur et à mesure de mes découvertes dans le domaine du développement personnel, je me suis aperçu que les aspects enseignés étaient souvent regroupés en 4 catégories que sont : le physique, l'émotionnel, le mental et le spirituel. Ces quatre dimensions forment un tout qui est à la base de ce que vous êtes et qui gouverne tous les aspects de votre vie. Si cet ensemble est développé et équilibré, alors vous vivez une vie riche et sans stress. Si au contraire il est instable, alors vous ne pouvez être ni épanoui, ni serein, ni réellement heureux.

Comme vous le verrez tout au long de ce livre, les 4 dimensions interagissent entre elles : le physique influence l'émotionnel, le spirituel influence le mental... C'est pour cette raison que vous ne devez négliger aucune des dimensions. Si vous en laissez une de côté, vous serez pénalisé dans les autres. Nous pouvons assimiler les 4 dimensions à une pyramide : si une des couches n'est pas stable car trop peu entretenue, c'est tout l'édifice qui risque de s'effondrer.

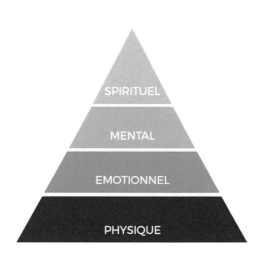

Comme je ne pouvais pas vous demander d'avaler une pyramide, j'ai trouvé plus simple de vous proposer de prendre 4 pilules pour une vie riche et sans stress. Chacune d'entre elle renforcera un étage de la pyramide. Leurs effets se combineront pour vous fournir des résultats dépassant toutes vos espérances. Il s'agit de :

- ✓ Pilule 1 : Soignez votre corps
- ✓ Pilule 2 : Maîtrisez vos émotions
- ✓ Pilule 3 : Ayez les idées claires
- ✓ Pilule 4 : Ne négligez pas votre esprit

La méthode

J'ai essayé de faire en sorte que ce livre soit **simple à étudier** et que les concepts soient faciles à appliquer. Je vais aborder une multitude de notions que je ne vais que survoler. Si une idée particulière vous intéresse, vous aurez la possibilité de l'approfondir en consultant des ouvrages dédiés au sujet. Ce livre est composé de 4 chapitres théoriques, développant les aspects liés aux 4 dimensions de la pyramide. Chacun d'entre eux est accompagné d'une liste d'actions à mettre en place dans votre vie. Ces 4 listes d'actions s'intègrent dans un plan d'action global que je vous encourage à démarrer au plus vite.

J'ai souhaité que ce plan soit dense mais **facile à démarrer**. Bien sûr il sera impossible de mettre en place toutes les actions de ce plan en une seule fois. Ce serait le meilleur moyen de tellement compliquer votre vie que vous souhaiteriez abandonner et revenir à votre routine plus tranquille. Ne faites donc pas l'erreur de vouloir tout faire tout de suite. Choisissez une action par dimension et focalisez-vous sur leur implémentation au quotidien pendant un mois. Lorsqu'elles feront partie intégrante de votre vie, vous pourrez en appliquer d'autres. Il m'a fallu une dizaine d'années pour que tous les concepts que je vous recommande d'appliquer soient solidement installés dans ma routine. Et il m'arrive comme tout le monde d'oublier d'en appliquer certains.

C'est pourquoi vous devez être conscient du fait que **vous n'aurez jamais fini de travailler** à votre développement personnel. Il s'agit d'une quête que vous devrez suivre tout au long de votre vie. Je vous propose de développer un état d'esprit inspiré de la méthode japonaise du Kaizen. Il s'agit d'une méthode qui était utilisée à l'origine pour le management et pour la qualité dans l'industrie et qui est applicable à tous les domaines de votre vie. L'idée c'est qu'il vaut mieux se focaliser sur de petits efforts faits en continu que sur de gros efforts faits ponctuellement. Par exemple plutôt que de faire du sport 2h00 tous les samedi, il est préférable de faire quatre séances de 30 minutes réparties sur la semaine. L'idée du Kaizen c'est que des mini-améliorations quotidiennes s'ajoutent pour former de grosses améliorations. C'est un peu la même idée que celle des intérêts composés.

Les actions listées ne sont ni plus ni moins que des **habitudes à mettre en place**. La majorité des choix que nous faisons au quotidien sont inconscients. C'est souvent la raison pour laquelle nous adoptons de mauvais comportements (physiques, émotionnels, mentaux et spirituels). Il suffit de les remplacer par de bonnes habitudes, mises en place de façon consciente, pour améliorer la qualité de notre vie. Une habitude est une action que vous exécutez par reflexe, de façon automatique, sans devoir y penser. Mettre en place une habitude prend du temps (certains experts parlent de 66 jours, d'autres un peu moins, mais cela dépend de l'habitude que vous souhaitez implémenter) et nécessite une phase de mise en place consciente. Je vous recommande, au début, de ne vous focaliser que sur la mise en place de l'habitude et non sur le contenu de celle-ci.

Le meilleur moyen de prendre une habitude est de l'exécuter juste après un déclencheur, c'est à dire un événement qui vous indiquera qu'il est temps d'exécuter votre action. L'idéal est de définir un déclencheur qui est déjà une habitude. Si par exemple vous souhaitez mettre en place l'habitude de lire un livre le matin avant d'aller travailler, faites-le après une chose qui fait déjà partie de votre routine matinale (le fait de vous brosser les dents par exemple). Au bout d'un certain temps, dès que vous aurez terminé de vous brosser les dents, vous vous installerez inconsciemment pour lire quelques pages. Cela sera aussi automatique que le fait de penser à vous brosser les dents.

Personnellement j'essaye d'ajouter le plus d'habitudes possible à ma routine matinale, car c'est le moment de la journée pendant lequel je suis le plus productif et motivé. Si le soir fonctionne mieux pour vous, choisissez cette période-là.

En résumé, comment utiliser ce livre ?

Je recommande de suivre les 5 étapes suivantes. Prenez votre temps pour bien assimiler les concepts et n'ayez pas peur d'expérimenter et adapter les actions pour qu'elles s'intègrent harmonieusement à votre vie.

1. Lisez les 4 parties théoriques (pilules 1 à 4) plusieurs fois, imprimez le PDF, soulignez les idées importantes, réfléchissez à la dimension des idées énoncées. En bref étudiez la théorie de façon intense.

2. Commencez par travailler sur votre vison (Annexes 1 et 2).

3. Choisissez 1 action par dimension (Annexes 3 et 4) et passez un mois à les mettre en place de façon consciente dans votre vie afin qu'elles deviennent une habitude. Utilisez le système de suivi hebdomadaire pour être sûr de rester focalisé sur vos résultats (Annexe 5).

4. A la fin du mois, si ces actions font partie de votre routine, choisissez-en d'autres. Sinon travaillez encore plus dur le mois suivant pour qu'elles le deviennent.

5. Continuez à agir et mettre en place de bonnes habitudes tout en corrigeant les choses qui ne sont pas encore au point. Vous devrez le faire jusqu'à la fin de votre vie avec régularité, patience et persistance.

PILULE 1
SOIGNEZ VOTRE CORPS
LA DIMENSION PHYSIQUE

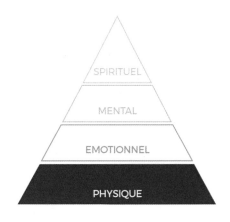

Il est impossible de vivre une vie riche et sans stress si nous ne sommes pas en bonne santé. Comment pourrait-on réussir de belles choses en étant fatigué, malade ou blessé physiquement ? Les problèmes physiques (fatigue, manque d'énergie, maux divers...) sont d'ailleurs souvent à l'origine de problèmes psychologiques (dépression, anxiété...), mentaux (manque de motivation, problèmes de concentration...) et spirituels (manque de clarté, de joie de vivre...).

C'est pour cette raison que toute tentative d'amélioration de sa vie passe par un travail sur les aspects physiques de sa personne. Ces aspects sont basiques et la plupart du temps inconscients. Je vous propose de réfléchir à leur importance et de bâtir un plan d'action qui vous permettra de solidifier la base de votre pyramide de développement personnel.

La respiration

Il s'agit certainement de l'aspect le plus basique et le plus inconscient des quatre. Pourtant il est l'un des plus fondamentaux. Sans essayer d'enfoncer une porte ouverte, il est impossible de survivre bien longtemps sans respirer. La respiration est une compétence indispensable à la vie, innée mais que la plupart des gens maîtrisent mal. Nous arrivons certes tous à fournir de l'oxygène à nos poumons par le biais de la respiration mais nous le faisons rarement de manière optimale.

En général nous pratiquons la respiration dite « thoracique » (l'inspiration se fait au niveau du thorax par contraction des muscles qui l'entoure). Le souci, c'est que non seulement ce type de respiration n'est pas optimal en terme de fourniture d'oxygène, mais nous crispe et nous tend. Les muscles se contractent de façon répétitive et prolongée (de l'ordre de 18.000 fois / jour) ce qui peut causer des douleurs intercostales, dorsales et cervicales.

Je vous recommande d'essayer d'adopter le plus souvent possible une respiration dite « abdominale ». Contrairement à précédemment, ce n'est pas la partie haute (la zone thoracique) de votre tronc qui travaille mais la partie basse (les abdominaux). Pour ce faire vous pouvez répéter le cycle suivant pendant quelques minutes :

1. Inspirez doucement pendant 3 secondes en gonflant votre ventre. Votre thorax ne bouge pas.

2. Attendez une seconde.

3. Relâchez votre diaphragme puis contractez doucement vos abdominaux pendant 3 secondes.

4. Attendez une seconde.

Attention à ne pas respirer trop vite, auquel cas vous risquez « l'hyperventilation », c'est à dire une baisse de la pression de dioxyde de carbone dans votre sang, qui engendre un déséquilibre dans l'organisme. Celui-ci peut entraîner des vertiges, tremblements, troubles de la vision, sensation de manquer d'air, angoisses...

Il est évidemment impossible de pratiquer la respiration abdominale en permanence (je m'imagine mal le faire en pleine réunion ☺). La clé est cependant de prendre conscience du fait qu'il existe deux types de respiration, que l'un des deux est beaucoup plus puissant que l'autre (bien que moins facile à mettre en place) et de faire en sorte de se réserver des plages pour le pratiquer.

J'utilise la respiration abdominale de deux manières :

1. **De façon régulière :** à chaque fois que je fais une pause dans ma journée (en général après chaque séance de travail d'une heure et demi), je pratique la respiration abdominale pendant quelques

instants. Cela me permet de décompresser, détendre mes muscles et évacuer mes émotions négatives (conscientes et inconscientes).

2. **En situation de crise :** dès que je sens la pression monter à cause d'une chose qui me met en colère, je pratique la respiration abdominale. J'appelle cela la « technique de la cocotte » car cela me fait penser à la vapeur d'eau qui s'échappe d'une cocotte minute. Si je peux, je m'isole pour le faire. Si je ne peux pas (parce que quelqu'un est à côté de moi par exemple), je me tourne un peu et la pratique à côté de mon interlocuteur. Dans le cas d'une dispute il y a deux avantages : non seulement vous évacuez la pression mais en plus vous évitez de dire des choses que vous pourriez regretter par la suite. Faites le test lors de votre prochaine dispute.

Si vous lisez l'anglais, je vous recommande le court article de Leo Babauta sur ce sujet : breathe.

L'alimentation

Cet aspect est lui aussi basique et trop souvent négligé. A la base, notre corps a besoin de nourriture pour produire de l'énergie (transformation des aliments en nutriments, notamment en glucides). L'énergie constitue une de nos deux ressources les plus importantes (avec le temps). En contrôlant ce que nous mangeons, nous contrôlons notre niveau d'énergie et tout ce qui en découle : notre motivation, notre concentration, notre efficacité, notre tonus, notre joie… En bref la qualité de notre vie.

Dans la mesure où l'énergie est une ressource que nous consommons, il est primordial de la **renouveler régulièrement**. Pour cela il y a deux points cruciaux :

1. Privilégier des aliments qui délivrent un peu d'énergie sur une longue période (sucres lents: riz, pâtes, pain complet) aux aliments qui délivrent beaucoup d'énergie sur une courte période (sucres rapide : glucose, pain blanc…) Ceci est d'autant plus important en début de journée.

2. Manger régulièrement. Même si le rythme classique de 3 repas par jour correspond assez bien à nos besoins, le fait d'y ajouter

2 snacks (1 entre le petit-déjeuner et le déjeuner, l'autre entre le déjeuner et le dîner) permet de garder votre réservoir d'énergie à un niveau acceptable tout au long de la journée. Ceux-ci doivent fournir environ 100-150 Calories. Des fruits, des noisettes, amandes, noix... feront parfaitement l'affaire.

Etant donné que celui-ci est pris après une longue période sans manger, le **petit-déjeuner** constitue le repas le plus important de la journée. Faites en sorte de privilégier les sucres lents qui vous fourniront de l'énergie jusqu'à votre snack du matin. Un petit déjeuner équilibré peut-être composé de la façon suivante :

- Des féculents, aliments d'origine végétale constitués majoritairement de sucres lents (pain ou céréales).
- Des protéines (produits laitiers...)
- Un fruit ou un jus de fruit.
- Une boisson chaude type thé ou café.

Le **déjeuner** doit lui aussi être équilibré et peut se composer de :

- Au moins une portion de légumes et une portion de fruit.
- Une source de protéine (viande, poisson, œuf...)
- Un féculent (pâte, riz, pain...)

Le **dîner** doit être léger pour ne pas qu'une phase de digestion trop intense perturbe votre sommeil. C'est le repas idéal pour consommer une bonne portion de légumes. Dans l'idéal évitez les féculents ou consommez-les avec modération. De plus, ce repas ne doit pas être pris trop tard. Le fait de laisser un laps de temps de 3 heures entre la fin du dîner et le coucher fonctionne bien pour moi.

Trois autres principes sont importants en ce qui concerne votre alimentation :

1. **Consommer le juste nécessaire :** même si un petit excès de temps en temps n'est pas dramatique, le fait de trop manger n'a que des inconvénients. Cela sollicite votre estomac de façon intense, ce qui va intensifier la phase de digestion avec les effets secondaires connus (ballonnements, somnolences, remontées acides). De plus, l'excès

de nutriments consommés va fournir trop d'énergie. Celle-ci ne pourra être contenue dans votre réservoir énergétique disponible et sera stockée dans votre corps sous forme de graisse. Pour éviter de tomber dans le piège de trop manger, essayez de manger lentement. Souvent on mange trop car on n'a pas la sensation de satiété. Celle-ci n'apparaît pas car nous n'avons pas laissé le temps à notre organisme de nous informer du fait que nous avions suffisamment mangé. En mangeant lentement nous lui laissons cette chance et somme repus avant d'avoir eu le temps de trop consommer d'aliments. Enfin, considérez que l'équilibre alimentaire se fait sur une journée (voire une semaine) et pas sur un seul repas. Si vous mangez trop un midi, il vous reste une chance de compenser en dînant de façon plus légère.

2. **Limitez votre consommation de sel, de matières grasses et produits sucrés.** Ils ont chacun leurs effets néfastes sur votre santé.

3. **Prenez garde à préserver votre équilibre acido-basique :** Cet équilibre est de plus en plus abordé par les diététiciens et de plus en plus de personnes prennent conscience des dangers qu'un déséquilibre acido-basique peut avoir sur notre corps. Je ne peux que faire un résumé succinct ici pour vous donner les bases sur le sujet. Pour plus d'informations je recommande l'ouvrage « Gérez votre équilibre acido-basique » de Christopher Vasey. Notre sang a un pH (mesure du caractère acide ou basique d'un milieu) de 7,39. Une légère déviation de ce taux nous rend malade et un pH inférieur à 7 ou supérieur à 7,8 entraîne la mort. Les aliments que nous mangeons sont soit acides (pH < 7), soit basiques (pH > 7). Lors de leur décomposition, ils libèrent dans notre organisme soit des acides, soit des bases. Cela influence le pH de notre sang et peut déséquilibrer le système si nous consommons plus de l'un que de l'autre. Un des problèmes de notre culture moderne est que nous consommons de plus en plus de glucides (acidifiants) et de moins en moins de légumes (alcalins). L'acidification de nos organismes est, selon plusieurs diététiciens, à l'origine de nombreux problèmes de santé (peau, dents, yeux, grande fatigue...) Pour éviter cela il est impératif que vous consommiez des aliments alcalins (beaucoup de légumes...) et limitiez votre consommation de glucides (féculents...).

Une dernière chose importante en ce qui concerne l'alimentation est **l'hydratation**. Notre corps est composé d'environ 60% d'eau. Celle-ci est consommée par la perte de salive, la transpiration, l'urine.... Pour la remplacer dans des proportions adéquates, il est conseillé de consommer au minimum deux litres d'eau par jour. Personnellement j'aime commencer ma journée en buvant un grand verre d'eau et la finir en buvant quelques gorgées. C'est une habitude relativement simple à mettre en place. Il vous suffit de toujours avoir une carafe ou bouteille d'eau à côté de vous au travail ainsi que près de votre lit et de boire régulièrement (si vous avez soif, c'est que vous êtes déjà déshydraté).

Ne prenez pas cela à la légère : être déshydraté signifie avoir moins d'énergie (un muscle déshydraté de 3% perd 10% de sa force) et risquer de tomber malade (des chercheurs australiens ont montré, dans une étude faite sur 20.000 personnes que ceux qui buvaient plus d'1,2l d'eau par jour avaient beaucoup moins de chance de mourir d'une maladie cardiaque que ceux qui en buvaient moins).

Le sommeil

Le sommeil est un de nos besoins fondamentaux. Sans lui nous ne pourrions survivre puisqu'il permet à notre organe le plus gourmand en énergie, le cerveau, de fonctionner correctement. C'est en effet pendant que nous dormons que celui-ci métabolise le glucose dont il a besoin. Le manque de sommeil peut causer du stress, un manque d'attention (qui peut-être fatal quand on conduit ou exécute une activité demandant de la concentration), des problèmes de mémoire et même des soucis de santé (dérèglements hormonaux, hypertension, vieillissement prématuré et même cancers...)

« Le manque de sommeil peut causer du stress, un manque d'attention[…], des problèmes de mémoire et même des soucis de santé »

Pourtant nombreux sont ceux qui grignotent sur leurs heures de sommeil pour avoir plus de temps « productif » dans leurs journées. Il n'y a aucun jugement ici puisque je fais encore partie de ces personnes. Un de mes objectifs pour cette année (à l'heure à laquelle j'écris ce livre) est de m'offrir des nuits plus longues. Je dors environ 6 heures par nuit et c'est un peu juste. Même si les chiffres varient selon les sources, il semblerait que 7-8 heures de sommeil soit un minimum nécessaire à la majorité des gens. Evidemment au delà du nombre d'heures de sommeil, l'important est sa qualité. Une nuit de 6 heures sans interruption sera plus réparatrice qu'une nuit de 8 heures pendant laquelle vous vous êtes réveillé 5 fois.

Bien qu'il soit délicat de contrôler directement la qualité de votre sommeil, vous pouvez mettre toutes les chances de votre côté en mettant en place quelques trucs :

1. Ne chauffez pas trop la pièce dans laquelle vous dormez (19°C-20°C est largement suffisant).

2. Veillez à couper toutes les lumières (portable...), même si elles ne vous gênent pas. Vous avez besoin d'une obscurité totale.

3. Ne regardez pas d'écran (ordinateur, téléphone, tablette...) dans la demi-heure qui précède votre coucher. Préférez un livre.

4. Ne lisez pas de choses qui sollicitent trop votre intellect avant de vous endormir.

5. Evitez de penser à des choses trop importantes ou négatives quand vous essayez de vous endormir. Privilégiez des choses positives et liées aux plaisirs de la vie.

Etant donné que je vous recommande de vous lever tôt* et d'avoir une routine matinale, il ne reste que deux options à combiner pour obtenir plus de sommeil :

1. **Se coucher plus tôt :** Même si les soirées sont importantes pour passer du temps en famille et se détendre, elles constituent généralement les moments les moins riches et productifs de notre journée. Comme nous avons passé jusqu'ici notre temps à faire appel à notre volonté (pour travailler et exécuter toutes les tâches que nous ne souhaitions pas faire), il ne nous reste plus assez de lucidité pour prendre les bonnes décisions. C'est pour cela que la majorité des gens passent leurs soirées à regarder la télévision. Je suggère de remplacer cette activité par la lecture d'un bon livre et un peu de sommeil. Je mets

*http://www.pas-de-stress.com/pourquoi-et-comment-prendre-lhabitude-de-se-lever-tot/

actuellement en place la routine de monter dans ma chambre à 22h00 (pour cela je mets une alarme sur mon smartphone) et de lire jusque 22h30. Dans la mesure où je me lève à 5h15-5h30, cela me donne presque 7 heures de sommeil.

On entend souvent que les heures de sommeil avant minuit sont plus reposantes que les autres (elles "compteraient" même double). Il semble que cela ne soit pas vrai pour tout le monde et que cela dépend plutôt de votre horloge biologique. Pour moi c'est totalement vrai : je suis beaucoup plus reposé en dormant de 22:30 à 05:30 que je ne l'étais quand je me couchais à 00:00 pour me lever à 07:00. Faites l'essai une semaine et décidez de ce qui est le mieux pour vous. Rien ne sert de copier un modèle qui marche pour quelqu'un mais n'est pas adapté à votre cas.

2. **Faire la sieste :** Hormis l'homme, toutes les espèces sont polyphasiques (ils ont plusieurs périodes de sommeil distinctes). Et aussi étonnant que cela puisse paraître, il a été prouvé scientifiquement que nous sommes génétiquement programmés pour faire une sieste l'après-midi. Sans entrer dans les détails techniques (si le sujet vous intéresse et que vous lisez l'anglais je recommande l'ouvrage « Take a nap ! Change your life » de Sara C. Mednick) cette caractéristique s'applique par le biais de notre horloge biologique. Celle-ci est responsable de la régulation de notre température, de la production de notre urine, du battement de notre cœur et de notre sommeil. Même si tout le monde n'a pas cette chance (j'ai travaillé suffisamment longtemps en entreprise pour en connaître les contraintes), je recommande de faire une sieste de 20-30 minutes chaque après-midi. J'ai longtemps été sceptique quant aux résultats mais ai été impressionné par tous les bienfaits obtenus (récupération, gain de motivation, capacité à se concentrer...) en investissant si peu de temps. L'essayer c'est l'adopter.

L'activité physique

La nécessité d'exercer une activité physique n'est plus à prouver dans la mesure où ce sujet est abordé en permanence dans les magazines, les journaux et à la télévision. Si vous souhaitez être en bonne forme physique afin d'avoir une vie riche et sans stress, il est impératif que vous travailliez dans 3 catégories :

1. **L'activité cardio-vasculaire :** Cela correspond à la capacité de votre cœur à faire circuler le sang dans votre corps. Les exercices qui augmentent votre fréquences cardiaques (marche, jogging, rameur, natation...) permettent de développer cette capacité. Il est recommandé de vous maintenir à une fréquence cardiaque correspondant à environ 60-80% de votre fréquence maximum (calculée en déduisant votre âge à 220). Pour moi qui ai 33 ans, cela correspond à une fréquence comprise entre 0,6 X (220-33) = 112 et 0,8 X (220-33) = 150 pulsations / minutes. Les bénéfices de l'activité cardio-vasculaire sont riches et nombreux : limitation du stress, amélioration du sommeil, perte de poids...

2. **Le renforcement musculaire :** Avec le temps, les pièces mécaniques trop peu sollicitées se grippent et s'usent. Si vous avez une voiture qui roule peu, vous aurez immédiatement des exemples concrets qui vous viendront à l'esprit. Notre corps est une machine complexe qui peut-être assimilée à une voiture et qui doit donc être entretenue. Les challenges ne manquent pas au quotidien : nous devons porter des objets, être mobile, résister à d'importants changements de température... La clé pour résister à tout cela est de faire du renforcement musculaire. Il ne s'agit pas de se lancer dans le body building et prendre 20 Kg de muscles mais de solliciter régulièrement les muscles les plus importants de vos épaules, bras, jambes, tronc et dos. J'ai introduit deux séances hebdomadaires de 25 minutes de renforcement musculaire dans ma routine il y a plusieurs années et ne le regrette absolument pas. Même si ma silhouette a peu changée, je suis devenu plus résistant aux sollicitations citées plus haut, ce qui avec deux enfants en bas-âge n'est pas du luxe ☺.

3. **La souplesse :** Même si je dois avouer ne pas le faire systématiquement, il est recommandé de s'étirer avant et après un exercice. Avant pour échauffer les muscles, après pour évacuer l'acide lactique produit par notre corps pendant l'effort et éviter ainsi les courbatures. Le yoga est également un excellent outil pour développer sa souplesse et gagner en flexibilité. Planifier deux séances de 20 minutes par semaine permet d'obtenir des résultats notables.

Plan d'action

	Actions	Fréquence	Déclencheur
R	Pratiquez la respiration abdominale	2-3 fois par jour + en période de crise	Pause café ou thé* Evénement stressant, dispute...
A	Prenez un petit déjeuner solide	Chaque matin	Lever
A	Ajoutez deux snacks à votre routine	1 le matin + 1 l'après-midi	Pause café ou thé*
A	Consommez des légumes	Chaque repas	Le fait de passer à table
A	Consommez au minimum 2 litres d'eau	Chaque jour	Carafe ou bouteille d'eau en permanence près de vous
S	Couchez-vous plus tôt pour dormir au moins 7 heures	Chaque nuit	Un réveil pour définir l'heure du coucher
S	Faites une sieste de 20-30 minutes	Chaque jour	Après le déjeuner
AP	Faites de l'exercice cardio-vasculaire	2 séances de 45 minutes min. / semaine	Routine matinale (ou autre selon l'exercice choisi)
AP	Renforcez-vous musculairement	2 séances de 25 minutes / semaine	Routine matinale
AP	Travaillez votre souplesse	Avant / après chaque séance d'exercice + 2 séances de yoga de 20 minutes / semaine	Routine matinale

* Si vous n'avez pas l'habitude de prendre des pauses en milieu de matinée et d'après-midi, il est temps de commencer. Vous serez beaucoup plus efficace après avoir laissé un moment de répit à votre cerveau (10-15 minutes). Nous en reparlerons dans le chapitre 3.

PILULE 2

MAÎTRISEZ VOS ÉMOTIONS
LA DIMENSION ÉMOTIONNELLE

Le dictionnaire Larousse définit une émotion comme étant une « Réaction affective transitoire d'assez grande intensité, habituellement provoquée par une stimulation venue de l'environnement ».

Il existe des émotions positives et négatives. Robert Plutchik a proposé la classification des différentes émotions de la façon suivante :

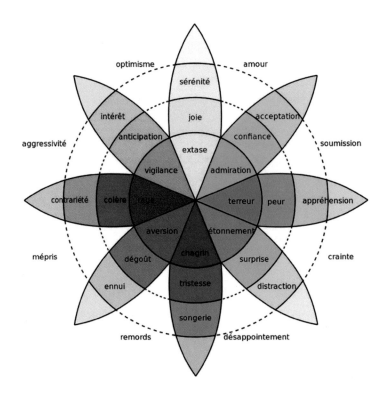

Roue des émotions de Robert Plutchik (**source Wikipédia**)

Comme je l'ai développé par le passé sur le blog de Pas De Stress*, il existe de nombreuses interactions entre le corps et l'esprit. De ce fait, la dimension physique évoquée dans le premier chapitre influencera et sera influencée par la dimension émotionnelle que nous allons maintenant aborder.

Il est assez intuitif qu'une personne fatiguée, qui ne se nourrit pas correctement et ne fait pas de sport aura tendance à éprouver des émotions négatives (contrariété, appréhension...) De même, une personne anxieuse et dépressive risque de rapidement être victime de problèmes de santé divers (migraines, problèmes d'estomac, de cœur...).

Pourquoi est-ce important de se focaliser sur ses émotions?

Les émotions, positives comme négatives, sont tout à fait normales et ont joué un grand rôle dans l'évolution de notre espèce. Nos ancêtres vivant dans un environnement hostile, il était primordial pour eux de ressentir des émotions (peur, appréhension, anticipation) pour survivre. Aujourd'hui, la probabilité de se faire poursuivre par une bête sauvage en allant chercher quelque chose à manger est plutôt faible. Pourtant, nous ressentons toujours les émotions citées plus haut. Comme nous avons tendance à le faire de façon inconsciente, excessive et prolongée, le nombre de personnes souffrant de phénomènes de blues, dépression et brun-out est en progression constante.

« Les émotions influencent énormément notre niveau d'énergie, nos actions et donc notre réussite »

Les émotions influencent énormément notre niveau d'énergie, nos actions et donc notre réussite. Les émotions positives (optimisme, confiance, sérénité...) nous permettent de nous fixer des challenges ambitieux, nous dépasser et atteindre des choses dont nous ne pensions pas être capable. Elles décuplent notre succès. Les émotions négatives (peur, distraction, contrariété...) ont, quant à elles, une influence extrêmement néfaste et peuvent empêcher même les plus brillants d'atteindre leurs objectifs.

*http://www.pas-de-stress.com/limiter-effets-stress-corps/

Une des clés de votre réussite consistera à remplacer vos émotions négatives par des émotions positives. En effet, les émotions négatives consomment une grande quantité de votre énergie physique et mentale. Les gérer revient donc à ne pas gâcher cette énergie. Celle-ci restera alors disponible pour travailler à vos projets et objectifs. C'est évidemment plus facile à dire qu'à faire mais en utilisant les techniques décrites dans ce chapitre et en les pratiquant au quotidien, vous serez capable, petit à petit, d'utiliser les émotions comme une arme au lieu de les subir.

L'Intelligence Emotionnelle, au moins aussi importante à mon sens que l'intelligence « pure » mesurée par le QI, est la capacité à gérer nos émotions dans notre intérêt (conservation de l'énergie) et celui des autres (meilleures relations sociales). Vous remarquerez que j'ai employé le mot « gérer » et non pas « ignorer » (ignorer ses émotions négatives ne les fait pas disparaître, bien au contraire) ou « combattre » (il est impossible de s'affranchir complétement de ses émotion négatives).

Dans les parties suivantes, nous allons étudier quelques techniques concrètes qui vous aideront à mieux gérer vos émotions pour votre réussite personnelle et en équipe.

Comment gérer vos émotions négatives ?

Il est important de comprendre un concept fondamental : **les émotions se travaillent comme des muscles.** Vous développez une émotion en sortant de votre zone de confort afin de l'étendre au fur et à mesure. Par exemple, si vous avez peur de faire quelque chose, c'est en le faisant progressivement que vous vaincrez cette peur. Si vous avez peur de parler en public, essayez de vous forcer à parler régulièrement devant 4-5 personnes, puis 10 personnes, puis plus... Si vous êtes perfectionniste, essayez de créer plus de choses (rapports, articles, travaux manuels... selon votre situation personnelle) et de le faire plus vite à chaque fois : si vous avez besoin de 2h00 pour écrire un rapport dont vous êtes satisfait, essayez de le faire en 1h45, puis 1h30, puis 1h15. La clé est vraiment de faire des choses qui vous mettent un peu mal à l'aise (mais pas de trop) et de les adapter dès que vous vous habituez à la situation.

Cela fonctionne pour la majorité des émotions négatives (peur, anxiété, manque de patience...)

Pour ce qui est des émotions négatives ponctuelles (problèmes entrainant du stress, soucis relationnels...) j'applique la technique suivante :

- Je m'efforce de prendre conscience du fait que j'éprouve des émotions négatives.

- Je les accepte en me disant qu'il est tout à fait humain et normal de les ressentir.

- J'établis un plan d'action concret me permettant de travailler de façon pragmatique (donc non émotionnelle) au problème.

- J'accepte ce que je ne peux pas changer dans la situation.

- Je me demande « Quelle est la pire chose qui peut m'arriver dans cette situation ? » et m'aperçois qu'en général ce n'est rien de très grave.

- Je relativise le problème et réalise qu'il n'est pas si grave que cela comparé aux fondamentaux de ma vie (ma santé et celle de ma famille...)

Quelques outils se montrent également très efficaces en fonction de la situation :

- Dès qu'une pensée négative apparaît (« je ne serai pas prêt à temps pour la conférence que je dois donner la semaine prochaine »), la remplacer par une pensée positive (« je réussirai aussi bien cette fois, voire mieux, que lors de la conférence précédente »).

- Pratique d'un sport.

- Pratique de la respiration abdominale (voir chapitre 1).

- Revue de votre système d'organisation personnelle (Qu'ai-je fait ? Que me reste-t-il à faire ?).

Pour combattre vos émotions très négatives, n'hésitez pas à pleurer. Il s'agit d'une arme trop peu utilisée de nos jours mais qui mérite d'être essayée. Je vous dis comment dans cet article*.

*http://www.pas-de-stress.com/pleurer-pour-evacuer-stress/

Comment développer vos émotions positives ?

Comme nous venons de le voir, vous pouvez travailler vos émotions négatives de la même façon que vous travaillez un muscle. Cela fonctionne également très bien pour les émotions positives (sérénité, confiance en soi, amour...) Si vous souhaitez développer votre confiance en vous, vous pouvez commencer par vous affirmer à vous même que vous êtes une personne de qualité (soyez concret et donnez des exemples précis qui corroborent ce fait), puis vous pouvez pratiquer avec votre famille et vos amis (en leur disant clairement quand vous n'êtes pas d'accord avec eux par exemple), enfin vous pouvez étendre votre pratique aux inconnus (en abordant quelqu'un dans la rue...) La technique fonctionne exactement de la même façon que ce que j'ai décrit dans le paragraphe précédent. J'utilise également quelques outils utiles au développement de mes émotions positives :

- Ecrire dans mon journal, notamment les choses dont je suis heureux, fier et pour lesquelles j'éprouve de la gratitude (voir chapitre 3).

- Pratique du yoga ou de la méditation.

Pour gagner en émotions très positives comme la joie ou l'optimisme, il suffit d'exercer des activités qui produisent ces émotions. Cela peut être de prendre du temps chaque jour pour jouer avec ses enfants, aller dîner avec son épouse / époux, lire un livre de développement personnel, pratiquer un sport, partir en week-end avec des amis, aller se promener dans la forêt... Bien sûr les activités dépendront de vos goûts et évolueront avec le temps. Souvent il s'agit de choses tellement simples, basiques et peu coûteuses que l'on ne les planifie pas. Mon expérience est pourtant que le meilleur moyen d'être sûr de faire quelque chose de façon régulière est de le planifier et l'intégrer à sa routine.

Les émotions dans les relations sociales

Il a été prouvé que l'appartenance sociale et l'acceptante que les autres ont de nous étaient des critères primordiaux pour notre bonheur. Le fait de bien choisir ses relations et de bien se comporter avec elles est très important pour notre santé émotionnelle.

D'après Jim Rohn, célèbre écrivain américain, nous sommes la moyenne des 5 personnes avec lesquelles nous passons le plus de temps. Je suis tout à fait d'accord avec cela et avec le fait que nous sommes très influencés par les personnes qui nous entourent. Dans une telle situation, il est donc nécessaire de choisir ses relations avec le plus grand soin. Si vous passez trop de temps avec une personne négative, qui ne fait que se plaindre, alors inconsciemment vous serez influencé, deviendrez négatif et commencerez à vous plaindre. Si au contraire vous côtoyez une personne positive, qui réussit tout ce qu'elle entreprend et arrive à fédérer, vous serez influencé positivement, apprendrez beaucoup de cette personne et serez très motivé à son contact.

Je suis conscient du fait que bien s'entourer et choisir ses relations avec pragmatisme en fonction du caractère des personnes n'est pas toujours simple, notamment lorsque des membres de notre famille ne présentent pas le profil idéal. Cependant, vous payerez le prix fort à passer du temps avec des personnes négatives. Alors soyez courageux (c'est le moment de travailler votre muscle du courage) et faites le tri dans vos relations. Il va sans dire que je vous conseille fortement de ne jamais être négatif et de ne jamais vous plaindre. Le faire a deux effets négatifs : premièrement vous faites fuir les autres et deuxièmement vous accentuez vos émotions négatives.

La communication est à la base des relations humaines. Elle est malheureusement trop souvent utilisée de façon inconsciente et maladroite. Comme il est très difficile d'avoir une relation de qualité avec

« Le fait de bien choisir ses relations et de bien se comporter avec elles est très important pour notre santé émotionnelle »

une personne qui ne communique pas bien, apprendre quelques règles vous permettra de développer vos compétences sociales et émotionnelles. Voici quelques outils que j'essaye de développer en permanence :

1. Quand vous négociez avec quelqu'un, cherchez toujours à obtenir le meilleur compromis pour vous deux. Ne cherchez pas à gagner de façon égoïste mais pensez « gagnant-gagnant ». Cela vous permettra de développer votre relation avec cette personne et vous donnera une sensation de bien être.

2. Ecoutez plus que vous ne parlez, n'interrompez jamais personne. C'est difficile pour la plupart des gens mais en le faisant vous ferez partie de la minorité.

3. Ecoutez vraiment et cherchez à comprendre l'autre en vous mettant à sa place. Quand je suggère d'écouter, je parle d'une écoute active. Souvent, quand les gens parlent, nous sommes tentés de préparer notre réponse ou juger ce qu'ils sont en train de dire. En faisant cela nous n'écoutons plus mais nous parlons intérieurement. Les gens ne sont pas dupes, ils savent reconnaître une écoute détachée d'un réel désir de comprendre et en savoir plus. Pratiquez la seconde option et savourez les résultats.

4. Ne critiquez jamais directement mais suggérez des améliorations après avoir complimenté de façon sincère (technique dite du sandwich).

Trois points supplémentaires me semblent primordiaux pour préserver sa santé émotionnelle :

Le premier est de **ne pas essayer de changer les autres**. Je sais a quel point c'est difficile puisque j'ai tenté pendant des années de faire de ma femme une personne aussi ordonnée que moi. Nous n'avons pas la même notion du mot « rangement » et sommes tous les deux extrêmes dans nos positions : je suis trop rigide, ma femme ne l'est pas assez. J'ai essayé d'être compréhensif, puis autoritaire, puis pragmatique en expliquant pourquoi il fallait être ordonné et en démontrant que c'était facile... J'ai fini par comprendre qu'on ne pouvait pas changer une personne qui n'en a pas envie. Que d'essayer de le faire était une source de stress pour elle et pour moi. Au lieu de ça, il est préférable de discuter de la situation et d'essayer de trouver un compromis (qu'elle fasse un peu plus d'effort sans que ce ne soit parfait et que de mon côté, en contrepartie, j'arrête d'être si rigide et accepte les imperfections). Une autre chose qui fonctionne est de donner envie à la personne de changer en montrant l'exemple. Cela prend du temps mais cela se fait sans stress. Dans l'exemple précédent, il me suffit de ranger mes affaires et d'être très organisé en espérant que ma femme décidera d'en faire

« Attendez peu des autres pour ne jamais être déçu. »

de même à force de me voir trouver tout ce que je cherche, de ne jamais égarer de documents familiaux et de toujours avoir la situation en main.

Le deuxième consiste à **chercher le positif dans toutes les situations**. Cela fera beaucoup pour votre santé émotionnelle. Quand j'étais salarié, j'ai eu l'occasion de tester cette technique quand du jour au lendemain les personnes de mon niveau hiérarchique n'ont plus eu l'autorisation de se garer sur le parking réservé à la direction. Cela signifiait que nous devions nous garer sur le parking le plus éloigné et marcher 10 minutes avant d'arriver au bureau. Alors que la majorité des gens y ont vu un inconvénient (perte de temps, perte d'un « privilège » et donc baisse de statut...), j'ai cherché le positif et me suis dit : « chouette ce sera l'occasion pour moi de marcher 20 minutes supplémentaires par jour ». En cherchant le positif dans chaque situation et vous focalisant dessus au détriment du négatif, vous développez vos émotions positives et limitez vos émotions négatives.

Le troisième est de **baisser vos attentes**. La raison pour laquelle nous sommes déçus (émotion négative) est que nous attendions quelque chose de mieux. Si nous nous attendons au minimum, nous ne pouvons pas être déçus. Ce n'est pas toujours possible de n'attendre que le minimum de quelqu'un, notamment dans le monde du travail mais il y a de nombreuses situations dans lesquelles c'est applicable. Par exemple ne vous attendez pas à ce que les gens soient reconnaissants quand vous leur rendez un service. S'ils ne le sont pas vous ne serez pas déçu, s'ils le sont vous serez agréablement surpris. Attendez peu des autres pour ne jamais être déçu.

Plan d'action

Actions	Fréquence	Déclencheur
Identifiez les trois émotions négatives qui vous posent le plus de problème	Trimestrielle	Dès que vous ressentez l'émotion
Travaillez sur ces trois émotions en sortant de votre zone de confort	Chaque jour	Ajoutez des exercices à votre liste de tâche ou votre calendrier
Identifiez les trois émotions positives qui vous manquent le plus	Trimestrielle	Dès que vous ressentez l'émotion
Travaillez sur ces trois émotions en sortant de votre zone de confort	Chaque jour	Ajoutez des exercices à votre liste de tâche ou votre calendrier
Développez consciemment des émotions positives en exerçant des activités qui en produisent	Chaque jour	Ajoutez ces activités à votre liste de tâche ou votre calendrier
Choisissez et appliquez 2 outils servant à limiter les émotions négatives	Trimestrielle	Ajoutez ces activités à votre liste de tâche ou votre calendrier
Choisissez et appliquez 2 outils servant à développer les émotions positives	Trimestrielle	Ajoutez ces activités à votre liste de tâche ou votre calendrier
Faites l'inventaire des 5 personnes avec lesquelles vous passez le plus de temps, choisissez par qui vous souhaitez être influencé et adaptez le temps passé avec elles en conséquence	Annuelle	Revue de début d'année

Pratiquez les outils de communication cités dans le chapitre	En permanence	Dès que vous communiquez avec quelqu'un
N'essayez pas de changer les autres	En permanence	
Cherchez le positif dans toutes les situations	En permanence	
Baissez vos attentes	En permanence	

PILULE 3
AYEZ LES IDÉES CLAIRES
LA DIMENSION MENTALE

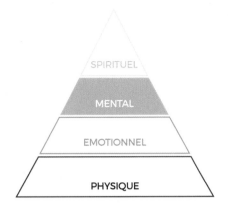

L'énergie mentale est utilisée pour focaliser son attention sur les choses importantes. Elle utilise un certain nombre de leviers dont la concentration, la vision, la capacité à prendre les bonnes décisions, la créativité, la gestion du temps...

L'organe à la base de la dimension mentale est le cerveau. Pour fonctionner il consomme beaucoup d'énergie : alors qu'il ne représente que 2% du poids de notre corps, il utilise 25% de l'oxygène que nous consommons. Cette forte interaction entre les dimensions physique et mentale (la même que celle, citée dans le chapitre précédent, qui lie les dimensions physique et émotionnelle) fait que tout ce qui est nécessaire à une bonne santé physique sera également profitable à votre santé mentale.
Le sport augmentera vos capacités mentales en faisant circuler plus de sang et d'oxygène dans votre cerveau. Ce n'est certainement pas un hasard si vous avez de bonnes idées ou trouvez la solution à un problème complexe lorsque vous faites votre jogging... Le sommeil, quant à lui, permettra à votre cerveau de coder et consolider les choses que vous avez apprises pendant la journée.

Pourquoi est-ce important de développer ses capacités mentales ?

Le cerveau fonctionne comme un muscle. Au contraire de la majorité des autres organes qui « s'usent » avec le temps (poumons, reins, foie...), le cerveau est d'autant plus efficace qu'il est utilisé. Lorsqu'il est trop peu sollicité, il se dégrade et s'atrophie de la même façon qu'un biceps le ferait dans une telle situation. Il apparaît donc primordial de développer ses capacités mentales pour éviter un déclin de l'organe qui fait la différence entre l'homme et les autres espèces...

Une personne qui a de faibles capacités mentales n'est pas capable de se focaliser. Et une personne incapable de se focaliser est incapable d´être créative, efficace et donc de rencontrer le succès. Les jeunes enfants sont en général incapables de se focaliser : Ils s'assoient, s'amusent avec un jouet tout en en regardant un autre, arrêtent tout pour saisir des feutres, dessinent 30 secondes, vont voir maman... Au final ils ne peuvent pas être efficaces et sont incapables de créer quelque chose de réellement concret. C'est tout à fait acceptable pour un enfant mais pas pour un adulte. Pourtant ce que je viens de décrire n'est pas très éloigné d'un employé qui répond au téléphone, discute tout en lisant un mail, raccroche, écrit trois lignes de son rapport, discute avec un collègue qui entre dans son bureau, etc.

«[…] faire travailler votre cerveau pour éviter son vieillissement et le rendre plus efficace»

Le fait de développer vos capacités mentales vous permettra, d'une part de faire travailler votre cerveau pour éviter son vieillissement et le rendre plus efficace, et d'autre part de devenir plus focalisé et par conséquent capable de réaliser plus que les autres. Les personnes qui accomplissent leur rêve ont toutes investi du temps et de l'énergie pour développer leurs capacités mentales afin d'être capables de s'organiser et se concentrer pour être efficaces.

Comment étendre vos capacités mentales ?

Les capacités mentales auxquelles je fait référence ici sont celles citées plus haut, à savoir la concentration, la vision, la capacité à prendre les bonnes décisions, la créativité et la gestion du temps. Au delà des aspects physiques cités précédemment et nécessaires au développement de vos capacités mentales, il existe d'autres activités et outils qui vous permettront d'avoir les idées claires pour vous offrir une vie riche et sans stress. Une des premières choses à faire est de limiter le temps que vous passez devant la télévision. En 2014 les français ont passé en moyenne 3h45 par jour et par personne devant leur écran (!). Même si je comprends qu'il peut être reposant de regarder les informations le soir ou se détendre devant une série, cette activité se doit d'être contrôlée. Regarder la télévision est au mental ce que consommer des frites et hamburgers est au physique : nous aimons ça intuitivement mais ce n'est pas bon pour nous (je mettrais un bémol en disant que regarder des documentaires permet d'étendre sa culture générale et de ce fait développer son mental.) Vous pourrez utiliser le temps gagné pour lire. Que ce soit des livres de développement personnel, des biographies ou des classiques de la littérature, cette activité évitera le vieillissement de votre cerveau et développera vos capacités mentales. Si vous ne savez pas par où commencer, visitez l'annexe 6 de ce livre pour y découvrir une liste non exhaustive. N'oubliez pas que comme l'a écrit Mark Twain « quelqu'un qui ne lit pas n'a pas d'avantage sur quelqu'un qui ne sait pas lire ».

Ajouter l'écriture à votre routine est aussi un excellent moyen de développer vos capacités mentales. Depuis un an maintenant j'écris dans un journal. Les bénéficies sont énormes : depuis que je le fais, j'ai développé ma capacité à me concentrer, ma vision est plus claire, je suis plus créatif et mieux organisé. Le tout pour un investissement de 5 minutes par jour ! Je vous recommande de commencer par cette durée. Si vous aimez cela et êtes inspiré vous pourrez étendre à 15 minutes voire plus.

Voici comment vous pouvez commencer : Le matin, listez 3 choses pour lesquelles vous ressentez de la gratitude, 3 choses importantes que vous devez faire le jour-même et 2 affirmations personnelles (par exemple « je suis capable d'atteindre mes objectifs de l'année qui sont A, B et C » ou encore « je suis quelqu'un de proactif et maître de mon destin »...) Les affirmations dont Napoléon Hill a beaucoup parlé dans « Réfléchissez et devenez riche » et qui reviennent à la mode avec Hal Elrod et son livre « The Miracle Morning » sont un excellent moyen de travailler sa vision et ses capacités de concentration. Enfin, le soir, listez 3 choses que vous avez aimées le jour-même et 2 choses que vous auriez pu mieux faire.

Avant de commencer cet exercice, j'étais sceptique car je me disais que je n'aurais jamais le temps de relire mes notes et qu'il s'agissait donc de temps perdu. J'avais raison sur le fait que je ne relirais pas mes notes.

Je suis plus concentré sur l'avenir que sur le passé et j'ai tendance à plutôt focaliser mon énergie sur mes objectifs. Mais ce que j'ai compris plus tard, c'est que les avantages apportés par l'écriture sont récoltés pendant le process. Il s'agit de se forcer à se poser, se concentrer, réfléchir et documenter ses pensées. En bref d'investir un peu de temps pour développer ses capacités mentales. Que l'on décide de revenir sur ses notes ou pas n'est pas la question de fond.

Un autre outil permettant d'étendre ses capacités mentales est de pratiquer la **visualisation**. Cette technique est très utilisée par les sportifs de haut niveau et est assez simple à mettre en œuvre. Il suffit que vous fermiez les yeux et vous imaginiez avoir déjà atteint vos objectifs. Essayez d'être le plus précis possible et de vivre la situation comme si vous y étiez vraiment. Utilisez tous vos sens : regardez, voyez, sentez, ressentez, comme si vous aviez atteint ce qui vous fait rêver.

En plus de leurs bienfaits pour les dimensions émotionnelles et physiques, la pratique du yoga et de la méditation est recommandée depuis longtemps pour développer ses capacités mentales de concentration. Ces exercices constituent ce que Charles Duhigg appelle des « Keystone habits » (« habitudes clé de voûte ») dans son livre « Le pouvoir des habitudes ». Il s'agit d'habitudes qui apportent des bienfaits directs (ici physiques, émotionnels et mentaux) et sont à la base d'autres habitudes, elles-mêmes positives. Implémenter le yoga et la méditation dans sa routine est le début d'une spirale très positive.

Nous avons vu précédemment que le cerveau consommait beaucoup d'énergie. Il est de ce fait très difficile de rester concentré très longtemps. Au bout d'un moment, votre cerveau se fatigue et n'est plus aussi efficace, car il a besoin de repos. C'est d'autant plus vrai si vous exercez une activité qui demande de la créativité. C'est pour cette raison que l'on a souvent ses meilleures idées quand le cerveau est en phase de repos (sous la douche, en se promenant, en voiture...) Je vous conseille d'expérimenter un mode de travail basé sur des sprints et non des marathons : au lieu de travailler deux fois 4 heures sans s'arrêter, faites une pause de 10 minutes après une séance de travail focalisée d'1 heure et demi.

J'insiste sur l'importance du mot « focalisé ». Vous devez traiter cette heure et demi de travail de façon sacrée. Pendant ce temps vous ne faites que travailler sur un sujet et refusez toutes les interruptions, qu'ils s'agisse du téléphone, de votre boite mails ou de personnes physiques qui vous rendent visite. Cela peut paraître radical voire utopique et je suis conscient du fait que c'est difficile à appliquer au quotidien (j'ai eu un poste à responsabilité dans l'automobile pendant 9 ans et je sais ce que c'est que de subir la pression continue d'un chef ou un client ☺). C'est pourtant primordial si vous souhaitez travailler efficacement et développer vos capacités mentales. Pour ce faire je vous conseille de :

1. Vous concentrer sur le démarrage de l'activité. Nous sommes tous sujets à la procrastination, définie comme étant le fait de vouloir remettre les choses à plus tard. Pourtant, dès que nous sommes noyés dans la tâche à exécuter, tout est facile. Soyez-en conscient et faites un effort supplémentaire pour commencer la tâche. Le reste suivra.

2. Couper votre téléphone portable, débrancher internet (au moment ou j'écris ce livre digital, mon wifi est désactivé et je m'interdis de le réactiver avant ma prochaine pause prévue après 1 heure et demi de travail) et fermer la porte de votre bureau si vous en avez une.

3. Définir une récompense que vous vous offrirez au moment de votre pause si vous avez travaillé de façon focalisée (pour moi cela peut-être un café, un fruit, quelques pages d'un livre ou 5 minutes passées à lire un de mes blogs préférés).

Pour être efficace, ce nouveau mode d'organisation nécessitera une planification très pointue. Avant toute chose vous devrez clarifier vos valeurs et vos priorités. Ce sera le sujet du prochain chapitre. Quand ce sera fait, vous devrez lister les 3 choses les plus importantes de votre journée et les traiter avec la plus grande priorité. Nous vivons dans un système basé sur l'urgence. Notre chef veut obtenir un rapport dans les deux heures, notre client souhaite une réponse à son mail immédiatement... Le problème est qu'en donnant priorité à des choses urgentes mais pas importantes, nous négligeons ce qui est important mais pas urgent. Stephen Covey développe ce sujet dans son livre « Les 7 habitudes de ceux qui réalisent tout ce qu'ils entreprennent » et recommande d'investir plus de temps sur les choses vraiment importantes (même si elles ne sont pas spécialement urgentes).

Cela vous obligera à décevoir des gens puisque donner priorité à certains projets se fera forcément au détriment d'autres. Mais le fait que quelque chose semble urgent ou important à quelqu'un ne signifie pas que cela l'est pour vous. Alors n'ayez pas peur de dire non aux autres. Faites confiance à votre sens du discernement et votre intuition, décidez puis donnez priorité à ce qui fera la différence pour vous. Le faire développera vos qualités mentales avec le temps.

Plan d'action

Actions	Fréquence	Déclencheur
Lisez	30 minutes min. / jour	Routine du soir (se mettre au lit)
Ecrivez chaque jour dans un journal	5 minutes min. / jour	Routine matinale (au lever)
Pratiquez les affirmations	Chaque jour	Dans le journal
Pratiquez la visualisation	Chaque jour	
Faites des pauses	10 minutes après 1h30 de travail focalisé	Alarme du smartphone
Travaillez de façon focalisée et sans interruption (portable éteint, internet coupé, porte du bureau fermée)	En permanence	
Pratiquez la méditation	5 minutes par jour min.	Routine matinale (au lever)

PILULE 4
NE NÉGLIGEZ PAS VOTRE ESPRIT
LA DIMENSION SPIRITUELLE

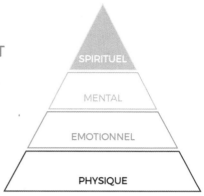

Les notions d'esprit et de spiritualité que je vais aborder dans ce chapitre ne sont pas liées aux aspects religieux. Elles s'appliqueront à vous que vous soyez athée ou croyant et ce quelle que soit votre religion.

La société dans laquelle nous vivons se focalise sur notre corps et notre cerveau mais a tendance à négliger notre esprit. C'est très regrettable car l'énergie spirituelle est une force unique qui alimente les trois autres dimensions de la pyramide. Elle fourni de la clarté, de la motivation, de la résistance au stress et vous ouvre la voix vers la passion, la joie et le bonheur.

L'esprit est divisé en deux parties distinctes et aussi importante l'une que l'autre : le conscient et l'inconscient. Dans ce chapitre nous travaillerons sur ces deux aspects afin de gagner de la clarté et donner un sens à votre vie (grâce au conscient) et devenir heureux et serein (grâce à l'inconscient).

Pourquoi est-ce important de ne pas négliger votre esprit ?

Tout simplement parce qu'il est impossible d'être heureux si on ne se focalise pas sur les aspect spirituels de sa vie et en particulier ses pensées et sa vision.

Comme Robin Sharma le résume parfaitement dans son livre « Le moine qui vendit sa Ferrari », la qualité de nos vies se résume à la qualité de nos pensées. Nous verrons le mécanisme exact plus en détail dans la partie suivante, mais en agissant de façon consciente sur nos pensées (en remplaçant nos pensées négatives par des pensées positives), nous pouvons agir directement sur nos émotions et donc sur la qualité de notre vie. Cependant, ceci n'est possible que si nous disposons d'un esprit fort, riche et régulièrement sollicité. Si tel n'est pas le cas les pensées négatives prennent le pouvoir, ce qui, par effet de spirale, se révèle catastrophique pour notre humeur et la qualité de notre vie.

Un risque tout aussi dangereux est de ne pas avoir de vision et de vivre au quotidien sans clairement avoir déterminé consciemment quels étaient nos principes, nos valeurs, nos priorités et nos objectifs. Il est difficile d'être heureux et épanoui si on ne sait pas où l'on va car on a alors tendance à chercher le bonheur dans les choses extérieures (argent, objets, travail...) alors que le seul moyen de le trouver est en cherchant à l'intérieur de nous-même.

Quand j'étais étudiant je me disais : « Je travaille beaucoup maintenant afin d'avoir un bon travail et de bien gagner ma vie. Alors, je serai complètement heureux », puis j'ai obtenu un bon poste, bien payé en Autriche et je me disais : « J'aimerais tant monter dans la hiérarchie, pour gagner plus et être plus influent. Là je serai complètement heureux », après avoir obtenu un poste de chef de projet, je pensais « En fait je serai vraiment heureux quand je serai entrepreneur et travaillerai à 100% de chez moi ». C'est une chaine sans fin...

« Il est difficile d'être heureux et épanoui si on ne sait pas où l'on va car on a alors tendance à chercher le bonheur dans les choses extérieures »

Ce phénomène que Gretchen Rubin nomme « arrival falacy » (L'idée fausse de l'arrivée - traduction maladroite, mais je n'ai rien trouvé de mieux...) dans son livre « Opération bonheur » apparaît quand nous cherchons le bonheur dans des évènements extérieurs. Il est très mauvais pour notre épanouissement puisqu'il fait que nous ne sommes jamais complètement satisfaits et nous donne en permanence un sentiment de manque. Travaillez sur votre vision à l'aide des outils que je décrirai dans la partie suivante vous permettra d'embrasser le présent et d'apprécier le chemin qui vous mène vers vos objectifs plus encore que l'accomplissement de ceux-ci (au moment où vous atteignez vos objectifs, vous êtes déjà trop occupé à travailler sur les prochains pour vous réjouir).

L'énergie de votre esprit peut même compenser certaines de vos limitations physiques. Un exemple extrême de cela est donné par certaines personnes handicapées physiques qui réussissent des choses incroyables (comme Philippe Croizon qui a traversé la manche à la nage alors qu'il est amputé des 4 membres). Elles ont une telle force mentale et spirituelle qu'elles arrivent à défier les lois de la nature.

Si de telles choses sont possibles, imaginez ce qu'un esprit fort et riche pourra faire pour vous qui êtes en pleine possession de vos moyens physiques. Dans la prochaine partie nous allons voir comment vous pouvez investir un peu de temps pour forger votre esprit.

Comment développer votre spiritualité ?

La formule pour avancer sur le chemin du bonheur est relativement basique. Sa simplicité ne la rend pas moins difficile à exécuter et il vous faudra travailler toute votre vie pour la maîtriser :

Gestion de ses pensées + Clarté de sa vision = Bonheur

La **gestion des pensées** est contre-intuitive et demande de l'entraînement. La théorie est très simple puisqu'il s'agit simplement de remplacer toute pensée négative par une pensée positive. Mais dans la mesure où nous sommes plus habitués à subir nos pensées qu'à les dominer, il vous faudra un certain temps avant de réussir cet exercice. Le faire reste cependant primordial pour votre bonheur.

Votre inconscient reçoit de nombreux stimulus de votre conscient sous forme de pensées. Celles-ci peuvent être positives ou négatives. L'inconscient conserve ces informations sans les juger et sans se poser de question. Il part du principe que tout ce que le conscient lui dit est vrai. L'inconscient travaille jour et nuit à matérialiser les informations qu'il a reçu en se connectant à notre corps, notre intellect et nos sentiments. Ainsi s'il entend « Je suis faible », il rend votre corps faible, s'il entend « Je suis une personne stupide », il fait en sorte que vous réfléchissiez de façon idiote et vous rend triste. Comme il est doté d'une énergie infinie, il finit toujours par prendre le pas sur le conscient. Il est incontrôlable directement mais en travaillant sur les informations que votre conscient lui transmet par le biais des pensées, vous pourrez l'influencer pour obtenir le meilleur.

Je comprends que cela puisse être difficile à croire mais je vous encourage à ne pas fermer la porte à cette théorie. De nombreux auteurs ont étudié et décrit ce sujet et les exemples de personnes qui lient leur succès au pouvoir de leur inconscient et la gestion de leurs pensées ne manquent pas. Cela ne vous coûte rien d'essayer. Je suis sûr que vous ne reviendrez pas en arrière. Pour débuter, je vous recommande de pratiquer les exercices de méditation, d'affirmation et de visualisation décrits dans le chapitre 3. Les meilleurs moments pour programmer vos pensées sont au réveil et juste avant le coucher. Utilisez ces deux laps de temps à bon escient.

Il ne vous restera ensuite plus qu'à développer la seconde partie de la formule pour vous rapprocher d'une vie remplie de bonheur, à savoir **développer votre vision**. Celle-ci est plus simple à mettre en place que la première car elle fait appel à votre conscient et votre pragmatisme. Je vous propose une méthode en 3 phases :

1. Cherchez à mieux vous connaître. Isolez-vous avec un papier et un crayon et demandez-vous quelles sont vos 5 plus grandes qualités et vos 5 plus grandes barrières.

2. Définissez vos 5 priorités et les 5 principes selon lesquels vous souhaitez vivre.

3. Résumez l'ensemble dans une « lettre de mission personnelle » qui est un document dans lequel vous développez le sens de votre vie.

Une fois cette lettre de mission terminée, vous aurez à disposition un outil extraordinaire pour décider des choses que vous devez faire ou ne pas faire. Vous l'utiliserez pour vous fixer des objectifs, pour choisir vos projets, prendre vos décisions, etc. En bref ce sera votre GPS. Grâce à elle, vous vivrez selon vos principes et vos priorités et pas selon les désirs et demandes des autres. Cela vous donnera un sens d'épanouissement, de sérénité et de joie qui vous conduira vers le bonheur.

Pour rester le plus pratique possible, j'ai ajouté des formulaires à remplir en annexe 1. J'y ai ajouté mes documents personnels (annexe 2). J'ai hésité à le faire mais ai souhaité vous montrer la voie et vous donner un exemple concret. Commencez par lire mes documents, puis utilisez le modèle vierge que j'ai ajouté. Vos documents seront nécessairement différents des miens mais cela vous donnera une idée de ma façon d'implémenter la théorie. Et surtout agissez. Il est inutile de remplir ces documents et de les laisser dans un tiroir. Vous devez les revoir souvent et vous poser en permanence la question au quotidien, « Est-ce que cette décision, action, discussion est conforme à ma vision ? »

Quand vous aurez appris à contrôler vos pensées pour influencer votre inconscient et profiter de son énergie, puis aurez clarifié votre vision à l'aide des outils que je vous ai donné dans ce chapitre, vous serez en bonne position pour être heureux, centré et épanoui. Vous remarquerez les bénéfices dans les 4 dimensions de la pyramide. Bien sûr vous n'aurez jamais fini d'apprendre, de pratiquer et de vous améliorer. Les outils suivants vous aideront dans votre quête spirituelle et vous permettront de maintenir et développer ce que vous avez acquis :

- Pratiquer le yoga, la méditation, les affirmations et la visualisation.

- Ecouter de la musique.

- Lire des livres inspirants (consultez ma liste en annexe 6).

- Ecouter des orateurs motivants.

- Passer du temps seul (vous trouverez quelques conseils ici).

- Marcher dans la nature.

- Aider les autres et être altruiste.

- Vivre chaque jour comme si c'était le dernier.

- Être conscient du fait que votre situation, quelle qu'elle soit, pourrait être bien pire.

Plan d'action

Actions	Fréquence	Déclencheur
Travaillez sur vos pensées pour diriger votre inconscient et en tirer son énergie	En permanence Focus particulier au lever et au coucher	Dès qu'une pensée négative apparaît / dès que vous vous fixez un objectif
Déterminez 5 de vos qualités, barrières, priorités et principes puis revoyez-les régulièrement (voir annexes)	Tous les 6 mois	Rappel dans votre calendrier
Rédigez votre « lettre de mission personnelle » et revoyez-là régulièrement	Tous les 6 mois	Rappel dans votre calendrier
Mettez en place certaines des activités listées plus haut dans votre routine	Au moins une activité par jour	Routine matinale

CONCLUSION
ET MAINTENANT ?

J'espère que vous avez pris du plaisir à lire ce livre et que vous avez appris des choses ou rafraîchi des notions. Si tel est le cas tant mieux mais ce n'est pas fini. Ce livre n'est pas un livre de divertissement mais une incitation à l'action. Tous les concepts que j'ai survolés ne sont que des brèches dans lesquelles vous devrez vous engouffrer pour vivre une vie riche et sans stress.

J'ai beaucoup travaillé pour rédiger ce livre. Et le travail s'arrête ici pour moi. Pour vous tout commence maintenant. Comme je vous le disais en introduction, seule une minorité des personnes ayant acheté ce livre appliqueront les concepts développés. Mais je vais même aller plus loin : en arrivant à la fin de livre, vous êtes déjà parmi les plus motivés (si vous avez tout lu évidemment☺). C'est humain d'être plein de bonne volonté et penser être déterminé à aller au bout de quelque chose pour mieux le laisser tomber après quelques semaines. C'est humain mais ce n'est pas la méthode pour vivre une vie riche et sans stress.

Si vous me rejoignez dans cette quête, commencez dès maintenant à travailler sur le plan d'action que je vous propose, et suivez-le avec persistance dans les mois à venir. Vous ferez partie des 3-5% des gens les plus motivés. Et vous ne regretterez aucune action mise en place, aucune minute investie, et aucun sacrifice fait. Avec l'esprit Kaizen vous progresserez au quotidien et obtiendrez énormément plus que ce que vous avez investi (c'est la gratification différée*).

Alors n'attendez pas, vous êtes la seule personne qui peut changer votre destinée. Travaillez dès maintenant à votre plan d'action, à savoir :

1. Lisez les 4 parties théoriques (pilules 1 à 4) plusieurs fois, imprimez le PDF, soulignez les idées importantes, réfléchissez à la dimension des idées énoncées. En bref étudiez la théorie de façon intense.

2. Commencez par travailler sur votre vison (Annexes 1 et 2).

3. Choisissez 1 action par dimension (Annexes 3 et 4) et passez un mois à les mettre en place de façon consciente dans votre vie afin qu'elles deviennent une habitude. Utilisez le système de suivi hebdomadaire pour être sûr de rester focalisé sur vos résultats (Annexe 5).

4. A la fin du mois, si ces actions font partie de votre routine, choisissez-en d'autres. Sinon travaillez encore plus dur le mois suivant pour qu'elles le deviennent.

5. Continuez à agir et mettre en place de bonnes habitudes tout en corrigeant les choses qui ne sont pas encore au point. Vous devrez le faire jusqu'à la fin de votre vie avec régularité, patience et persistance.

*http://www.pas-de-stress.com/pratiquez-la-gratification-differee-pour-une-vie-plus-heureuse-et-sans-stress/

ANNEXES

Annexe 1

Formulaires : Clarifiez votre vision

Annexe 2

Exemple personnel : Ma vision

Annexe 3

Le plan d'action

Annexe 4

Formulaire : Listes d'actions sur lesquelles
vous vous focaliserez ce mois-ci

Annexe 5

Formulaire : Suivi hebdomadaire des actions

Annexe 6

Bibliographie

ANNEXE 1
FORMULAIRES : CLARIFIEZ VOTRE VISION

Mes 5 QUALITÉS sont :

1 - ....
2 - ....
3 - ....
4 - ....
5 - ....

Mes 5 BARRIÈRES sont :

1 - ....
2 - ....
3 - ....
4 - ....
5 - ....

Mes 5 PRINCIPES sont :

1 - ....
2 - ....
3 - ....
4 - ....
5 - ....

Mes 5 PRIORITÉS sont :

1 - ....
2 - ....
3 - ....
4 - ....
5 - ....

VOTRE LETTRE DE MISSION PERSONNELLE

Mes 5 QUALITÉS sont :

1 - Travail
2 - Persistance
3 - Organisation
4 - Fiabilité
5 - Souhait d'aider les autres

Mes 5 BARRIÈRES sont :

1 - Impatience
2 - Critique des autres
3 - Sensibilité à la critique
4 - Faible résistance au stress
5 - Anxiété

Mes 5 PRINCIPES sont :

1 - Être honnête
2 - Être libre
3 - Être accompli
4 - Être altruiste
5 - Vivre heureux

Mes 5 PRIORITÉS sont :

1 - Passer du temps avec ma famille et me préoccuper de son bien être
2 - Prendre soin de ma santé physique et émotionnelle
3 - Apprendre continuellement en lisant chaque jour
4 - Développer des business qui aident les autres et supportent mon rythme de vie
5 - Se garder du temps pour faire ce que j'aime et me ressourcer

MA LETTRE DE MISSION PERSONNELLE

Je veux être un mari et un père présent pour sa **famille**. Mon travail est un moyen pour améliorer notre qualité de vie mais pas une priorité. Je veux être un mari / père le plus souvent possible de bonne humeur et à l'écoute. En cas de problème ou de situation difficile, mon rôle de père est de rassurer et donner confiance à ma famille. Je souhaite également dégager cette image auprès de mes parents et mon frère.

Ma réussite professionnelle est également importante. Mon perfectionnisme est un atout si je ne le pousse pas à outrance. Je dois faire vite et très bien ce qui est important et ignorer ce qui n'est pas important. La loi des 80/20, le système GTD et la définition des trois tâches les plus importantes de ma journée sont à la base de mon système d'organisation.

Mon objectif professionnel ultime est d'être à la tête d'un "Empire Portable" composé de quelques **mini-business que je gère de chez moi**. Je me consacre pleinement à ce projet. Pour réussir cela il me suffit d'appliquer ce que j'apprends chaque jour et d'agir quotidiennement. Je dois proposer une solution sous forme de produit à chaque problème que je rencontre. Ce faisant j'améliore mon cadre de vie tout en aidant les autres à résoudre leurs problèmes. Mon premier succès avec Français Authentique n'est que la première pierre à cet édifice ambitieux. Pas de Stress et d'autres projets suivront.

Pour atteindre le niveau d'excellence auquel j'aspire, j'investis quotidiennement dans mon **développement personnel** et autres activités du carré Q2 (pas urgent mais important). J'apprends sur tout, je lis, je m'instruis et je voyage. Je suis curieux et essaye de comprendre le monde dans lequel je vis. J'écoute et m'intéresse aux expériences des gens que je côtoie. Je mets cette excellence à mon service mais également au service des autres.

Rien de tout ce que je viens de décrire n'est possible si je ne suis pas en bonne santé (physique et émotionnelle). Pour être en forme je dois bien manger, boire beaucoup d'eau, ne pas stresser et faire du sport. Le fait de mettre en place un certain nombre de rituels dans les quatre dimensions de ma personne (physique, émotionnelle, mentale et spirituelle) soutient cet objectif et me donne plus de chances de vivre vieux et en bonne santé. Je dois cependant faire attention à ne pas me surcharger : le fait d'avoir à gérer mes business, ma famille et mon développement personnel entraine le risque de ne pas trouver assez de temps libre et de finir surmené. **Attention au Burn Out**. L'année 2014 a été difficile émotionnellement pour moi car j'ai eu tendance à trop travailler. 2015 a permis la stabilisation. Je compte sur 2016 pour être l'année de l'épanouissement total.

Que ce soit dans ma vie personnelle ou professionnelle, je me dois d'être honnête. Je dois dire les choses quand ça va et quand ça ne va pas. Je fais attention à l'aspect émotionnel et essaye d'être diplomate. Pour cela j'utilise la technique du « sandwich », du « kindness matter mantra », je souris et parle à voix basse quand je dois dire quelque chose de désagréable. Je fais ce que je dis et je dis ce que j'ai fait.

ANNEXE 3
LE PLAN D'ACTION

Actions	Fréquence	Déclencheur
Pratiquez la respiration abdominale	2-3 fois par jour + en période de crise	Pause café ou thé* Evénement stressant, dispute...
Prenez un petit déjeuner solide	Chaque matin	Lever
Ajoutez deux snacks à votre routine	1 le matin + 1 l'après-midi	Pause café ou thé*
Consommez des légumes	Chaque repas	Le fait de passer é table
Consommez au minimum 2 litres d'eau	Chaque jour	Carafe ou bouteille d'eau en permanence près de vous
Couchez-vous plus tôt pour dormir au moins 7 heures	Chaque nuit	Un réveil pour définir l'heure du coucher
Faites une sieste de 20-30 minutes	Chaque jour	Après le déjeuner
Faites de l'exercice cardio-vasculaire	2 séances de 45 minutes min. / semaine	Routine matinale (ou autre selon l'exercice choisi)
Renforcez-vous musculairement	2 séances de 25 minutes / semaine	Routine matinale
Travaillez votre souplesse	Avant / après chaque séance d'exercice + 2 séances de yoga de 20 minutes / semaine	Routine matinale

P

	Actions	Fréquence	Déclencheur
E	Identifiez les trois émotions négatives qui vous posent le plus de problème	Trimestrielle	Dès que vous ressentez l'émotion
	Travaillez sur ces trois émotions en sortant de votre zone de confort	Chaque jour	Ajoutez des exercices à votre liste de tâche ou votre calendrier
	Identifiez les trois émotions positives qui vous manquent le plus	Trimestrielle	Dès que vous ressentez l'émotion
	Travaillez sur ces trois émotions en sortant de votre zone de confort	Chaque jour	Ajoutez des exercices à votre liste de tâche ou votre calendrier
	Développez consciemment des émotions positives en exerçant des activités qui en produisent	Chaque jour	Ajoutez ces activités à votre liste de tâche ou votre calendrier
	Choisissez et appliquez 2 outils servant à limiter les émotions négatives	Trimestrielle	Ajoutez ces activités à votre liste de tâche ou votre calendrier
	Choisissez et appliquez 2 outils servant à développer les émotions positives	Trimestrielle	Ajoutez ces activités à votre liste de tâche ou votre calendrier
	Faites l'inventaire des 5 personnes avec lesquelles vous passez le plus de temps, choisissez par qui vous souhaitez être influencé et adaptez le temps passé avec elles en conséquence	Annuelle	Revue de début d'année

Actions	Fréquence	Déclencheur
Pratiquez les outils de communication cités dans le chapitre	En permanence	Dès que vous communiquez avec quelqu'un
N'essayez pas de changer les autres	En permanence	
Cherchez le positif dans toutes les situations	En permanence	
Baissez vos attentes	En permanence	

	Actions	Fréquence	Déclencheur
M	Lisez	30 minutes min. / jour	Routine du soir (se mettre au lit)
	Ecrivez chaque jour dans un journal	5 minutes min. / jour	Routine matinale (au lever)
	Pratiquez les affirmations	Chaque jour	Dans le journal
	Pratiquez la visualisation	Chaque jour	
	Faites des pauses	10 minutes après 1h30 de travail focalisé	Alarme du smartphone
	Travaillez de façon focalisée et sans interruption (portable éteint, internet coupé, porte du bureau fermée)	En permanence	
	Pratiquez la méditation	5 minutes par jour min.	Routine matinale (au lever)

Actions	Fréquence	Déclencheur
Travaillez sur vos pensées pour diriger votre inconscient et en tirer son énergie	En permanence Focus particulier au lever et au coucher	Dès qu'une pensée négative apparaît / dès que vous vous fixez un objectif
Déterminez 5 de vos qualités, barrières, priorités et principes puis revoyez-les régulièrement (voir annexes)	Tous les 6 mois	Rappel dans votre calendrier
Rédigez votre « lettre de mission personnelle » et revoyez-là régulièrement	Tous les 6 mois	Rappel dans votre calendrier
Mettez en place certaines des activités listées plus haut dans votre routine	Au moins une activité par jour	Routine matinale

S

ANNEXE 4

FORMULAIRE : LISTES D'ACTIONS SUR LESQUELLES VOUS VOUS FOCALISEREZ CE MOIS-CI

Mois		....	
PILULE	Action	Temps / Moment / Fréquence	Déclencheur
Physique			
Emotionnelle			
Mentale			
Spirituelle			

Exemple :

Physique	Pratique du yoga	20 minutes chaque mardi et jeudi matin	Routine matinale : Après voir écrit dans mon journal

ANNEXE 5
FORMULAIRE : SUIVI HEBDOMADAIRE DES ACTIONS

Semaine	Du ..... au							Plan	Fait
Action	L	M	M	J	V	S	D		
1									
2									
3									
4									

Exemples :

Pratique du yoga		X		X				2	2 ☺
Pratique de la méditation	X		X			X		3	2 ☹

ANNEXE 6
BIBLIOGRAPHIE (NON EXHAUSTIVE)

Je lis essentiellement en anglais. J'ai cependant cherché à vous présenter la version française des ouvrages. Quand elle n'existait pas j'ai laissé la version anglaise.

« Comment se faire des amis » de Dale Carnegie

« Gérez votre équilibre acido-basique » de Christopher Vasey

« Take a nap ! Change your life » de Sara C. Mednick

« Réfléchissez et devenez riche » de Napoléon Hill

« The Miracle Morning » de Hal Elrod

« Le pouvoir des habitudes » de Charles Duhigg

« Les 7 habitudes de ceux qui réalisent tout ce qu'ils entreprennent » de Stephen Covey

« Le moine qui vendit sa Ferrari » de Robin Sharma

« Opération bonheur » de Gretchen Rubin

« The Power of Full Engagement » de Jim Loehr et Tony Schwartz

« The compound effect » de Darren Hardy

Made in the USA
Las Vegas, NV
23 April 2024

89060309R00038